Santa Edwiges
Novena e biografia

J. Alves

Santa Edwiges
Novena e biografia

Citações bíblicas: *Bíblia Sagrada* – tradução da CNBB, 2ª ed., 2001.

Editora responsável: Celina Weschenfelder
Equipe editorial

6ª edição – 2010
6ª reimpressão – 2019

Nenhuma parte desta obra poderá ser reproduzida ou transmitida por qualquer forma e/ou quaisquer meios (eletrônico ou mecânico, incluindo fotocópia e gravação) ou arquivada em qualquer sistema ou banco de dados sem permissão escrita da Editora. Direitos reservados.

Paulinas

Rua Dona Inácia Uchoa, 62
04110-020 – São Paulo – SP (Brasil)
Tel.: (11) 2125-3500
http://www.paulinas.com.br – editora@paulinas.com.br
Telemarketing e SAC: 0800-7010081

© Pia Sociedade Filhas de São Paulo – São Paulo, 2002

Introdução

No Brasil, Santa Edwiges é uma das santas mais populares, cuja devoção cresce a cada dia em todas as classes sociais. No dia 16 de cada mês, os devotos depositam a seus pés pedidos e agradecimentos pelas graças alcançadas, encontrando nela o carinho e a proteção da mãe que no desespero acolhe o filho. São numerosos os testemunhos de pessoas que, na aflição de não conseguir pagar suas dívidas, a ela recorreram e, prontamente, foram atendidas.

Já antes de ser canonizada (em 1267), apenas vinte e quatro anos após sua morte (1243), era glorificada pelo povo, por força de numerosas curas realizadas logo depois ou antes mesmo de sua morte. Contam que no dia de sua canonização, o papa francês Clemente IV, que antes de iniciar o papado fora viúvo e pai de uma menina cega, pediu que ela intercedesse junto a Deus em favor da filha e, imediatamente, seu pedido foi atendido. Daí não cessaram as curas e milagres em favor dos necessitados.

Nesta novena, Santa Edwiges mostra que cada um de nós é devedor do amor e da misericórdia de Deus. Todos temos uma dívida impagável de amor para com Jesus, que, por amor, deu sua vida por nós e pelo próximo. Temos também uma imensa dívida de amor para com o próximo, a quem podemos amar e por ele ser amados.

Quem foi e como viveu Santa Edwiges

Santa Edwiges (1174-1243) foi uma nobre e pródiga duquesa da Polônia que se tornou conhecida no mundo inteiro como a mãe dos pobres e padroeira dos endividados, pois a ninguém ela negou auxílio e proteção. Riquíssima e cheia de privilégios, viveu como se nada possuísse.

Educada segundo a disciplina monástica, distinguiu-se pelo amor à oração, à leitura da Bíblia e à Eucaristia. Submetia-se, em segredo, a rigorosas penitências, mortificando o corpo com frequentes jejuns e cilícios de crina de cavalo sob as vestes.

Esposa e mãe dedicada, sempre lutou pela harmonia familiar. Amava a paz e detestava a guerra, mas não conseguira deter o ódio dentro da própria casa. Foi, também, a protetora das monjas e dos monges, pessoas que ela venerava como a parte mais cara da Igreja.

O que pertencia a ela era também dos pobres. Pródiga, ordenava a seus administradores que tratassem os súditos devedores com benevolência, pois preferia ver-se empobrecida e despojada do que fazer sofrer os pobres camponeses em apuros com os tributos a pagar aos ricos senhores.

PRIMEIRO DIA

Santa Edwiges:
"Grande é a glória de Deus nos seus santos...".

Em nome do Pai, do Filho e do Espírito Santo. Amém.

Oração inicial

Ó Santa Edwiges, vós que passastes a vida louvando e glorificando a Deus, nosso Pai e Criador, que em seu Filho, Jesus Cristo, nos cumulou de bênçãos e de graças incontáveis, ensinai-nos também a louvar e agradecer ao Senhor, por nos ter criado de modo tão maravilhoso.

Ó Santa Edwiges, vós que fostes instruída na religião e na observância dos valores cristãos e fizestes do amor para com o próximo o centro da vossa vida, ajudai-nos, pois, a transmitir, com nosso exemplo de vida, uma confiança inabalável em Deus. Ele, que começou em nós sua maravilhosa obra de amor, há de completá-la para sua glória e louvor. (*Momento de silêncio para colocar as intenções pessoais, familiares e comunitárias.*)

Conhecendo Santa Edwiges

Santa Edwiges pertencia à nobre família do príncipe Bertoldo de Andech, da Polônia; era filha do marquês de Meran e da princesa Inês Rottech. Sua mãe, uma cristã piedosa, exerceu grande influência em sua formação religiosa, instruindo-a, desde pequena, nos valores evangélicos do amor ao próximo e no exemplo de vida dos santos, sobretudo da Mãe de Jesus e dos primeiros mártires.

Conforme o costume da época, aos 6 anos, Edwiges foi levada para o mosteiro cisterciense de Kitzingen, na Francônia (região da Alemanha). Ali, aprendeu a ler e a escrever e se instruiu na leitura da Sagrada Escritura. Além da ciência para ser boa esposa, assimilou também a rígida disciplina monástica, que a tudo reservava um tempo: tempo para rezar, tempo para trabalhar, tempo para descansar...

Leitura bíblica

"Bendito seja o Deus e Pai de nosso Senhor Jesus Cristo, o Pai das misericórdias e Deus de toda consolação. Ele nos consola em todas as nossas aflições, para que, com a consolação que nós mesmos recebemos de Deus, possamos consolar os que se acham em toda e qualquer aflição" (2Cor 1,3-4).

Reflexão

1. Como essas palavras de São Paulo Apóstolo podem ser aplicadas a Santa Edwiges?

2. São Paulo fez essa oração depois de sofrer uma grande tribulação. Vamos fazer essa experiência?

Oração final

Ó Santa Edwiges, vós que fostes na terra o amparo dos pobres desvalidos e o socorro dos endividados, e no céu gozais o eterno prêmio da caridade que praticastes, confiante eu vos peço: sede a minha advogada para que eu obtenha de Deus a graça que urgentemente necessito (*fazer o pedido*). Alcançai-me também do Senhor a suprema graça da salvação eterna.

Santa Edwiges, rogai por nós, pelos nossos irmãos prisioneiros e por todos os que passam por dificuldades financeiras. Amém.

Pai-Nosso, Ave-Maria e Glória.

SEGUNDO DIA

Santa Edwiges: "A sabedoria das mulheres edifica a casa..." (Pr 14,1).

Em nome do Pai, do Filho e do Espírito Santo. Amém.

Oração inicial

Ó Santa Edwiges, vós que sempre vivestes na presença de Deus, buscando nele a força para cumprir vossa missão de esposa, mãe e servidora do povo, ajudai-nos a edificar com sabedoria nossos lares e nossas comunidades; vós que obtivestes de Deus a fortaleza de espírito, a mansidão de coração, o discernimento nas horas difíceis, socorrei-nos nos momentos de aflição; vós que cativastes o coração do vosso esposo com carinho e dedicação sincera e unistes vossa vida a dois em torno de um mesmo ideal de amor a Deus e ao próximo, intercedei junto a Deus por nós: que a paz e a harmonia retornem às famílias e que o perdão cure as feridas da falta de diálogo e tolerância em nossos lares. (*Momento de silêncio para colocar as intenções pessoais, familiares e comunitárias.*)

Conhecendo Santa Edwiges

Nos séculos XII e XIII, os costumes e comportamentos sociais eram bem diferentes dos nossos. Os casamentos, por exemplo, eram "arranjados" e negociados pelos pais. Portanto, casava-se para garantir a continuidade da prole e da fortuna, ou para receber um bom dote... Não foi diferente com Edwiges, que, aos 12 anos, deixou o mosteiro de Kitzingen e se casou com o jovem duque Henrique, da Silésia, de 18 anos, tornando-se assim duquesa da Silésia e Polônia.

Aos 13 anos, Edwiges deu à luz o seu primeiro filho, Henrique, esperado com alegria, oração e continência conjugal. Após Henrique, nasceram Boleslau, Inês, Sofia, Gertrudes e Conrado, que lhe deram muita alegria e tristeza ao mesmo tempo. Conrado, o filho mais novo, sentindo-se injustiçado na partilha da herança, entrou em guerra contra o irmão mais velho. Vencido, Conrado veio a falecer logo depois, em consequência de um acidente de caça, agravando ainda mais o sofrimento da mãe.

Leitura bíblica

"Portanto, como eleitos de Deus, santos e amados, vesti-vos com sentimentos de compaixão, com bondade, humildade, mansidão, paciência; suportai-vos uns aos outros e, se um tiver motivo de queixa contra o outro, perdoai-vos mutuamente. Como o Senhor vos perdoou, fazei assim também vós. Sobretudo, revesti-vos do amor, que une a todos na perfeição. Reine em vossos corações a paz de Cristo, para a qual também fostes chamados em um só corpo. E sede agradecidos" (Cl 3,12-15).

Reflexão

1. Nesta passagem, São Paulo nos exorta ao amor e à justiça em casa. Para você, o que é preciso fazer para que o amor e a justiça brotem no seio da família, da comunidade e dos povos?

2. O que significa revestir-se do "amor, que une a todos(as) na perfeição"? Como ser "agradecido(a)" a Deus em meio às dificuldades da vida?

Oração final

Ó Santa Edwiges, vós que fostes na terra o amparo dos pobres desvalidos e o socorro dos endividados, e no céu gozais o eterno prêmio da caridade que praticastes, confiante eu vos peço: sede a minha advogada para que eu obtenha de Deus a graça que urgentemente necessito (*fazer o pedido*). Alcançai-me também do Senhor a suprema graça da salvação eterna.

Santa Edwiges, rogai por nós, pelos nossos irmãos prisioneiros e por todos os que passam por dificuldades financeiras. Amém.

Pai-Nosso, Ave-Maria e Glória.

TERCEIRO DIA

Santa Edwiges: "Alegrai-vos sempre no Senhor!..." (Fl 4,4).

Em nome do Pai, do Filho e do Espírito Santo. Amém.

Oração inicial

Ó Santa Edwiges, vós fostes uma mulher forte e respeitada, porque, com vosso exemplo, mostrastes que acima de tudo é a vontade de Deus, que tudo governa com sabedoria; e, em vossa vida, passastes por momentos difíceis, em que vos sentistes impotente diante do ódio e da morte, ensinai-nos, nesses momentos, a nos alegrar sempre no Senhor, pois é ele quem nos guarda dos perigos e nos conduz com segurança na escuridão. Ele há de cuidar de nós. (*Momento de silêncio para*

colocar as intenções pessoais, familiares e comunitárias.)

Conhecendo Santa Edwiges

Não bastasse a morte inesperada de Conrado, faleceu a seguir Boleslau, o segundo filho. Mesmo enlutada, Edwiges levantou a cabeça e manteve firme a sua confiança em Deus. Contudo, as rivalidades entre os príncipes se converteram em guerras pela disputa do poder, envolvendo toda a sua família. Nesse ambiente conturbado e dominado a ferro e fogo, ela aprendeu que o amor era a única força capaz de gerar e preservar a vida pela doação de si ao outro, o resto era vaidade e aflição de espírito. E quando Henrique, seu esposo, caiu prisioneiro, não se deixou intimidar. Fortaleceu seu espírito com jejuns, oração e abstinência e foi a seu encontro, surpreendendo o inimigo com a coragem de quem ama e está disposta a dar a vida pelo amado. Não só libertou o marido, mas também selou a paz entre os adversários.

Leitura bíblica

"Alegrai-vos sempre no Senhor!... Seja a vossa amabilidade conhecida de todos os homens! O Senhor está próximo. Não vos preocupeis com coisa alguma, mas, em toda ocasião, apresentai a Deus os vossos pedidos, em orações e súplicas, acompanhadas de ação de graças. E a paz de Deus, que supera todo entendimento, guardará os vossos corações e os vossos pensamentos no Cristo Jesus" (Fl 4,4-7).

Reflexão

1. Como estas palavras de São Paulo podem ser aplicadas a Santa Edwiges?

2. É possível conservar um coração alegre em meio aos problemas familiares,

financeiros e de saúde? Procure lembrar hoje das pessoas que já lhe ajudaram em momentos difíceis e reze por elas.

Oração final

Ó Santa Edwiges, vós que fostes na terra o amparo dos pobres desvalidos e o socorro dos endividados, e no céu gozais o eterno prêmio da caridade que praticastes, confiante eu vos peço: sede a minha advogada para que eu obtenha de Deus a graça que urgentemente necessito (*fazer o pedido*). Alcançai-me também do Senhor a suprema graça da salvação eterna.

Santa Edwiges, rogai por nós, pelos nossos irmãos prisioneiros e por todos os que passam por dificuldades financeiras. Amém.

Pai-Nosso, Ave-Maria e Glória.

QUARTO DIA

Santa Edwiges: "Vi então um novo céu e uma nova terra..." (Ap 21,1).

Em nome do Pai, do Filho e do Espírito Santo. Amém.

Oração inicial

Ó Santa Edwiges, que vivestes como quem busca um "novo céu e uma nova terra" e deseja que o Reino de Deus transforme o coração das pessoas, dai-nos também a consciência de que o Senhor habita nosso ser, que é nosso Pai, amigo e conselheiro. É Deus quem vai enxugar toda lágrima e fazer as coisas anteriores de nossa vida passarem; é ele quem vai reconstruir nossas vidas.

Ó Santa Edwiges, intercedei junto a Deus por nós. Que o Senhor, por sua intercessão, abra em nossa vida um novo céu e uma nova terra. Amém. (*Momento de silêncio para colocar as intenções pessoais, familiares e comunitárias.*)

Conhecendo Santa Edwiges

Santa Edwiges e seu esposo Henrique tinham um carinho especial para com os monges e as monjas. Para eles, os consagrados eram a porção eleita da Igreja. Das monjas havia recebido a educação na infância e herdado a espiritualidade. Sob sua influência, Henrique construiu o primeiro mosteiro feminino de Trebnitz, em Bleslau (atual região de Wroclaw, na Polônia). Durante seis anos, nenhum condenado fora executado, pois a punição para suas penas era trabalhar na construção do mosteiro, quando depois receberiam o perdão.

O mosteiro de Trebnitz foi mantido por Santa Edwiges, que não apenas sustentava as monjas, mas dava o suficiente para atenderem cerca de mil pessoas, pois ela queria que ali fossem acolhidos todos os necessitados. Esta foi a primeira de uma série de edificações para abrigar religiosos, doentes, viúvas e crianças.

Leitura bíblica

"Vi então um novo céu e uma nova terra... Então, ouvi uma voz forte que saía do trono e dizia: 'Esta é a morada de Deus-com-os-homens. Ele vai morar junto deles. Eles serão o seu povo, e o próprio Deus-com-eles será seu Deus. Ele enxugará toda lágrima dos seus olhos. A morte não existirá mais, e não haverá mais luto, nem grito, nem dor, porque as coisas anteriores passaram'. Aquele que está sentado no trono disse: 'Eis que faço novas todas as coisas'..." (Ap 21,1-5).

Reflexão

1. Sentimo-nos como membros participantes da construção do Reino de Deus, da morada de Deus-com-os-homens-e-mulheres, como Santa Edwiges?

2. Nas dificuldades, temos essa confiança de que o Todo-Poderoso pode fazer novas as antigas coisas de nossa vida?

Oração final

Ó Santa Edwiges, vós que fostes na terra o amparo dos pobres desvalidos e o socorro dos endividados, e no céu gozais o eterno prêmio da caridade que praticastes, confiante eu vos peço: sede a minha advogada para que eu obtenha de Deus a graça que urgentemente necessito (*fazer o pedido*). Alcançai-me também do Senhor a suprema graça da salvação eterna.

Santa Edwiges, rogai por nós, pelos nossos irmãos prisioneiros e por todos os que passam por dificuldades financeiras. Amém.

Pai-Nosso, Ave-Maria e Glória.

QUINTO DIA

Santa Edwiges: "Não ajunteis tesouros aqui na terra..." (Mt 6,19).

Em nome do Pai, do Filho e do Espírito Santo. Amém.

Oração inicial

Ó Santa Edwiges, que fostes fiel cumpridora da palavra de Cristo, fazei que também nós nos preocupemos em amar com sinceridade o próximo e enriquecê-lo com nossos dons. Fazei-nos entender também que as preocupações exageradas obscurecem nosso semblante e abreviam nossos dias. Intercedei, ó Santa Edwiges, junto a Jesus por nós, para que vivamos na simplicidade de coração, humildade e confiança em Deus. (*Momento de silêncio para colocar as intenções pessoais, familiares e comunitárias.)*

Conhecendo Santa Edwiges

Santa Edwiges viveu em um mundo sacralizado, e o lugar privilegiado do sagrado era o mosteiro. Era o lugar da missa e do ofício divino diários e demais práticas litúrgicas. Nele buscava-se o refúgio contra o pecado e as vaidades mundanas, preparando-se, por meio da mortificação dos sentidos e do fortalecimento do espírito, para o terrível dia do juízo final.

O convento era também o lugar da caridade, da esmola e da proteção aos pobres. Foi nesse clima de religiosidade intensa que Santa Edwiges percorreu o caminho de sua santificação. Levando uma vida comum com as monjas, ela cumpria fielmente as constituições, mediante os votos da obediência e da castidade. Não fizera o voto de pobreza, pois quisera dispor ela mesma de sua fortuna para ajudar os pobres nas necessidades.

Leitura bíblica

"Não ajunteis tesouros aqui na terra, onde a traça e a ferrugem destroem e os ladrões assaltam e roubam. Ao contrário, ajuntai para vós tesouros no céu, onde a traça e a ferrugem não destroem, nem os ladrões assaltam e roubam. Pois onde estiver o teu tesouro, aí estará também o teu coração" (Mt 6,19-21).

Reflexão

1. O que significou na vida de Santa Edwiges ajuntar tesouros no céu?

2. O que você mais admira na vida desta santa?

Oração final

Ó Santa Edwiges, vós que fostes na terra o amparo dos pobres desvalidos e o socorro dos endividados, e no céu gozais o eterno prêmio da caridade que praticastes, confiante eu vos peço: sede a minha advogada para que eu obtenha de Deus a graça que urgentemente necessito (*fazer o pedido*). Alcançai-me também do Senhor a suprema graça da salvação eterna.

Santa Edwiges, rogai por nós, pelos nossos irmãos prisioneiros e por todos os que passam por dificuldades financeiras. Amém.

Pai-Nosso, Ave-Maria e Glória-ao-Pai.

SEXTO DIA

Santa Edwiges: "Deus ama a quem dá com alegria" (cf. 2Cor 9,7).

Em nome do Pai, do Filho e do Espírito Santo. Amém.

Oração inicial

Ó Santa Edwiges, vós que nos deixastes um saldo de amor inesgotável, ensinai-nos que a dívida maior é a que temos para com o próximo e para com Deus. Por amor, ele perdoa nossas faltas e nos liberta do egoísmo. Vós que semeastes com largueza vossos bens materiais e espirituais, ensinai-nos também a doar do muito ou do pouco que temos, pois Deus ama quem dá com alegria. (*Momento de silêncio para*

colocar as intenções pessoais, familiares e comunitárias.)

Conhecendo Santa Edwiges

Santa Edwiges viveu à espera da vinda do Reino de Deus, por isso preparou-se para o dia do Juízo, quando Deus haveria de lhe pedir contas. Ela desejava ardentemente a comunhão com Jesus crucificado, assim, discretamente, entregava-se a orações, jejuns e penitências cada vez mais rigorosos, como a abstinência de carne, a continência conjugal, a mortificação dilacerante do corpo.

Tinha bem diante de si as palavras de Jesus: "Estava nu..., descalço..., com fome..., com sede..., na prisão..., aflito e desesperado..., e me vestiste..., me calçaste..., me deste de comer e beber..., me visitaste..., me consolaste...". E foi na prática do amor ao próximo que ela se destacou e, indo além das práticas monásticas, tocou o ideal evangélico, que coloca em primeiro lugar o amor e o serviço desinteressado ao próximo.

Leitura bíblica

"É bom lembrar: 'Quem semeia pouco também colherá pouco, e quem semeia com largueza colherá também com largueza'. Que cada um dê conforme tiver decidido em seu coração, sem pesar nem constrangimento, pois 'Deus ama quem dá com alegria'. Deus é poderoso para vos cumular de toda sorte de graças, para que, em tudo, tenhais sempre o necessário e ainda tenhais de sobra para empregar em alguma boa obra, como está escrito: 'Distribuiu generosamente, deu aos pobres; a sua justiça permanece para sempre'" (2Cor 9,6-9).

Reflexão

1. O que significa para você "semear muito"?

2. Que bom poder fazer as pessoas felizes e libertá-las do egoísmo. O que isso quer dizer para você?

Oração final

Ó Santa Edwiges, vós que fostes na terra o amparo dos pobres desvalidos e o socorro dos endividados, e no céu gozais o eterno prêmio da caridade que praticastes, confiante eu vos peço: sede a minha advogada para que eu obtenha de Deus a graça que urgentemente necessito (*fazer o pedido*). Alcançai-me também do Senhor a suprema graça da salvação eterna.

Santa Edwiges, rogai por nós, pelos nossos irmãos prisioneiros e por todos os que passam por dificuldades financeiras. Amém.

Pai-Nosso, Ave-Maria e Glória.

SÉTIMO DIA

Santa Edwiges: "Não trouxemos nada para este mundo" (cf. 1Tm 6,7).

Em nome do Pai, do Filho e do Espírito Santo. Amém.

Oração inicial

Ó Santa Edwiges, vós que descobristes que a maior felicidade deste mundo é a certeza de que somos amados por Deus; vós que descobristes que a maior glória do homem é a graça da confiança total na infinita compaixão divina; vós que encontrastes indizível alegria no Espírito, que no fundo de vosso coração clamava "Pai!", pedi ao Senhor que nos conceda a simplicidade de um coração confiante na sua graça. (*Momento de silêncio para*

colocar as intenções pessoais, familiares e comunitárias.)

Conhecendo Santa Edwiges

Ao nascer o último filho, Santa Edwiges e seu esposo decidiram, de comum acordo, consagrar-se inteiramente a Deus, pelo voto de castidade, solenemente celebrado diante de todo o povo. Não estranhemos tal proceder, pois era perfeitamente aceito naquela época, quando a procriação era a finalidade última do casamento. Moravam em residências separadas e só se encontravam por ocasião de atos políticos e sociais importantes. Henrique, a exemplo dela, adotou um estilo de vida simples e austero, vestindo-se como monge, despojando-se do ouro e das púrpuras. Deixou a barba crescer à moda dos convertidos, sendo por isso chamado de Henrique, o Barbudo.

Tornaram-se amados e respeitados por todos, não apenas porque construíram conventos para monges e monjas e proveram as necessidades dos pobres, mas porque procuravam dar exemplo de vida cristã autêntica.

Em 1238, o marido de Santa Edwiges faleceu e foi sepultado solenemente no mosteiro de Trebnitz. Em 1240, Henrique II, o Piedoso, o filho predileto, tombou na batalha contra os tártaros. Um após outro, ela foi perdendo todos os filhos, restando-lhe apenas Gertrudes, abadessa do convento. Santa Edwiges despojou-se de tudo, recolheu-se no mosteiro. Submetendo-se à obediência da própria filha, nada exigia para si, a não ser a complacência das monjas, a quem ela tanto reverenciava, a ponto de beijar seus mantos ou lavar-se com a água por elas usada. Ali entregava-se à contemplação e a rigorosas penitências, procurando dobrar o orgulho para colocar o serviço aos pobres em primeiro lugar.

Leitura bíblica

"Ora, a piedade dá grande ganho, sim, mas para quem se satisfaz com o que tem. Com efeito, não trouxemos nada para este mundo, como também dele não podemos levar coisa alguma. Então, tendo com que nos sustentar e nos vestir, fiquemos contentes... Na verdade, a raiz de todos os males é o amor ao dinheiro..." (1Tm 6,6-10).

Reflexão

1. Na sua opinião, o que realmente é essencial na vida? Precisamos de muitas coisas para viver?

2. Ter tudo na vida é garantia de felicidade, de paz de espírito? O que dizer dos que não têm o mínimo necessário para viver e são felizes?

Oração final

Ó Santa Edwiges, vós que fostes na terra o amparo dos pobres desvalidos e o socorro dos endividados, e no céu gozais o eterno prêmio da caridade que praticastes, confiante eu vos peço: sede a minha advogada para que eu obtenha de Deus a graça que urgentemente necessito (*fazer o pedido*). Alcançai-me também do Senhor a suprema graça da salvação eterna.

Santa Edwiges, rogai por nós, pelos nossos irmãos prisioneiros e por todos os que passam por dificuldades financeiras. Amém.

Pai-Nosso, Ave-Maria e Glória.

OITAVO DIA

Santa Edwiges: "Orar sem desistir..." (cf. Lc 18,9-14).

Em nome do Pai, do Filho e do Espírito Santo. Amém.

Oração inicial

Ó Santa Edwiges, dia e noite vós gritastes por Jesus e ele, na sua infinita misericórdia, atendeu à vossa súplica, desprendendo seu braço da cruz para vos abençoar; vós que vivestes da Eucaristia, da frequência aos sacramentos, da oração e da caridade incessantes, fazei que também nós procuremos perseverar na vida sacramental, na oração particular e comunitária, na ajuda desinteressada a quem necessitar. Pedi a Deus que, nos momentos difíceis de nossas vidas, ele aumente a nossa fé e nos torne capazes de enxergar além do momento presente e ver em nossas vidas o cumprimento de sua promessa amorosa: *bem depressa e vos farei justiça!* – diz o Senhor. (*Momento de silêncio para colocar as intenções pessoais, familiares e comunitárias.*)

Conhecendo Santa Edwiges

Santa Edwiges soube unir a ação à contemplação. Numa pintura de sua época, podemos vê-la ajoelhada aos pés do crucifixo, pedindo a bênção para o bom trabalho das monjas do mosteiro de Trebnitz. Então Jesus compadeceu-se dela e, soltando seu braço direito da cruz, a abençoou, dizendo: "Sua prece foi ouvida. Seu pedido foi concedido".

Nas Quintas-feiras Santas, ela lavava os pés dos leprosos e os colocava ao seu lado na mesa para poder servi-los como fizera Jesus. Quando viajava, fazia-se acompanhar por numerosos pobres. Visitava pessoalmente os prisioneiros, para constatar se estavam sendo bem tratados, se passavam frio, fome ou sede e se faltava luz nos cárceres.

Leitura bíblica

"E Deus, não fará justiça aos seus escolhidos, que dia e noite gritam por ele? Será que vai fazê-los esperar? Eu vos digo que Deus lhes fará justiça bem depressa. Mas o Filho do Homem, quando vier, será que vai encontrar fé sobre a terra?" (Lc 18,7-8).

Reflexão

1. Que significa "orar sem desistir..."? Na oração, qual deve ser a nossa atitude diante de Deus?

2. O que significa viver como "escolhido de Deus"?

Oração final

Ó Santa Edwiges, vós que fostes na terra o amparo dos pobres desvalidos e o socorro dos endividados, e no céu gozais o eterno prêmio da caridade que praticastes, confiante eu vos peço: sede a minha advogada para que eu obtenha de Deus a graça que urgentemente necessito (*fazer o pedido*). Alcançai-me também do Senhor a suprema graça da salvação eterna.

Santa Edwiges, rogai por nós, pelos nossos irmãos prisioneiros e por todos os que passam por dificuldades financeiras. Amém.

Pai-Nosso, Ave-Maria e Glória.

NONO DIA

Santa Edwiges: "Pedi e vos será dado..." (Mt 7,7).

Em nome do Pai, do Filho e do Espírito Santo. Amém.

Oração inicial

Ó Santa Edwiges, vós seguistes os passos de Jesus, despojando-vos de tudo para servir o próximo. Destes de comer aos famintos, vestistes os nus, cuidastes dos enfermos, libertastes os encarcerados e fostes o amparo dos órfãos e das viúvas. Dos endividados tivestes misericórdia e compaixão, perdoando suas dívidas, deixando um rastro de amor inextinguível. Por isso, nós vos pedimos, ó Santa Edwiges, tornai-nos construtores de uma sociedade em que o amor e a solidariedade extingam toda sorte de exclusão. Amém. (*Momento de silêncio para colocar as intenções pessoais, familiares e comunitárias.)*

Conhecendo Santa Edwiges

Santa Edwiges é invocada como a *padroeira dos endividados* em razão da benevolência com que tratava os súditos que não tinham como pagar as obrigações a ela devidas. Tantas foram as dívidas perdoadas que o capelão, administrador de seus bens, um dia reclamou dizendo que, se continuasse aquela situação, pouco sobraria para seus servidores. Santa Edwiges disse-lhe para não se preocupar, pois, para as pessoas consagradas como ele, Deus haveria de prover. Ela própria acompanhava os acertos de contas dos súditos, determinando que fossem tratados com benevolência todos os que se achavam em desespero por não conseguir pagar as dívidas. Ela procurava viver assim as palavras de Jesus: "Dai e vos será dado, perdoai e vos será perdoado".

Sua mensagem, porém, vai além das preocupações financeiras, do endividamento monetário que por uns tempos podem nos tirar o sono e nos abalar. Sua vida nos ensina que a dívida maior a ser resgatada em nossa vida é a do amor a Deus e aos nossos irmãos e irmãs.

Leitura bíblica

"Pedi e vos será dado! Procurai e encontrareis! Batei e a porta vos será aberta! Pois todo aquele que pede recebe, quem procura encontra, e a quem bate, a porta será aberta" (Mt 7,7-8).

Reflexão

1. Ter fé é acreditar que já se recebeu antes mesmo de pedi-lo a Deus. Como você tem vivido estas palavras de Jesus em sua vida?

2. Você conhece pessoas que "pediram" e lhes foi dado? Você já passou por

momentos de dificuldade? E como foi a superação?

Oração final

Ó Santa Edwiges, vós que fostes na terra o amparo dos pobres desvalidos e o socorro dos endividados, e no céu gozais o eterno prêmio da caridade que praticastes, confiante eu vos peço: sede a minha advogada para que eu obtenha de Deus a graça que urgentemente necessito (*fazer o pedido*). Alcançai-me também do Senhor a suprema graça da salvação eterna.

Santa Edwiges, rogai por nós, pelos nossos irmãos prisioneiros e por todos os que passam por dificuldades financeiras. Amém.

Pai-Nosso, Ave-Maria e Glória.

NOSSAS DEVOÇÕES
(Origem das novenas)

De onde vem a prática católica das novenas? Entre outras, podemos dar duas respostas: uma histórica, outra alegórica.

Historicamente, na Bíblia, no início do livro dos Atos dos Apóstolos, lê-se que, passados quarenta dias de sua morte na Cruz e de sua ressurreição, Jesus subiu aos céus, prometendo aos discípulos que enviaria o Espírito Santo, que lhes foi comunicado no dia de Pentecostes.

Entre a ascensão de Jesus ao céu e a descida do Espírito Santo, passaram-se nove dias. A comunidade cristã ficou reunida em torno de Maria, de algumas mulheres e dos apóstolos. Foi a primeira novena cristã. Hoje, ainda a repetimos todos os anos, orando, de modo especial, pela unidade dos cristãos. É o padrão de todas as outras novenas.

A novena é uma série de nove dias seguidos em que louvamos a Deus por suas maravilhas, em particular, pelos santos, por cuja intercessão nos são distribuídos tantos dons.

Alegoricamente, a novena é antes de tudo um ato de louvor ao Pai, ao Filho e ao Espírito Santo, Deus três vezes Santo. Três é número perfeito. Três vezes três, nove. A novena é louvor perfeito à Trindade. A prática de nove dias de oração, louvor e súplica confirma de maneira extraordinária nossa fé em Deus que nos salva, por intermédio de Jesus, de Maria e dos santos.

O Concílio Vaticano II afirma: "Assim como a comunhão cristã entre os que caminham na terra nos aproxima mais de Cristo, também o convívio com os santos nos une a Cristo, fonte e cabeça de que provêm todas as graças e a própria vida do povo de Deus" (*Lumen Gentium*, 50).

Nossas Devoções procura alimentar o convívio com Jesus, Maria e os santos, para nos tornarmos cada dia mais próximos de Cristo, que nos enriquece com os dons do Espírito e com todas as graças de que necessitamos.

Francisco Catão

Coleção Nossas Devoções

- *Dulce dos Pobres: novena e biografia* – Marina Mendonça
- *Francisco de Paula Victor: história e novena* – Aparecida Matilde Alves
- *Frei Galvão: novena e história* – Pe. Paulo Saraiva
- *Imaculada Conceição* – Francisco Catão
- *Jesus, Senhor da vida: dezoito orações de cura* – Francisco Catão
- *João Paulo II: novena, história e orações* – Aparecida Matilde Alves
- *João XXIII: biografia e novena* – Marina Mendonça
- *Maria, Mãe de Jesus e Mãe da Humanidade: novena e coroação de Nossa Senhora* – Aparecida Matilde Alves
- *Menino Jesus de Praga: história e novena* – Giovanni Marques Santos
- *Nhá Chica: Bem-aventurada Francisca de Paula de Jesus* – Aparecida Matilde Alves
- *Nossa Senhora Aparecida: história e novena* – Maria Belém
- *Nossa Senhora da Cabeça: história e novena* – Mario Basacchi
- *Nossa Senhora da Luz: novena e história* – Maria Belém
- *Nossa Senhora da Penha: novena e história* – Maria Belém
- *Nossa Senhora da Salete: história e novena* – Aparecida Matilde Alves
- *Nossa Senhora das Graças ou Medalha Milagrosa: novena e origem da devoção* – Mario Basacchi
- *Nossa Senhora de Caravaggio: história e novena* – Leomar A. Brustolin e Volmir Comparin
- *Nossa Senhora de Fátima: novena* – Tarcila Tommasi
- *Nossa Senhora de Guadalupe: novena e história das aparições a São Juan Diego* – Maria Belém
- *Nossa Senhora de Nazaré: história e novena* – Maria Belém
- *Nossa Senhora Desatadora dos Nós: história e novena* – Frei Zeca
- *Nossa Senhora do Bom Parto: novena e reflexões bíblicas* – Mario Basacchi
- *Nossa Senhora do Carmo: novena e história* – Maria Belém
- *Nossa Senhora do Desterro: história e novena* – Celina Helena Weschenfelder
- *Nossa Senhora do Perpétuo Socorro: história e novena* – Mario Basacchi
- *Nossa Senhora Rainha da Paz: história e novena* – Celina Helena Weschenfelder
- *Novena à Divina Misericórdia* – Tarcila Tommasi

- *Novena das Rosas: história e novena de Santa Teresinha do Menino Jesus* – Aparecida Matilde Alves
- *Novena em honra ao Senhor Bom Jesus* – José Ricardo Zonta
- *Ofício da Imaculada Conceição: orações, hinos e reflexões* – Cristóvão Dworak
- *Orações do cristão: preces diárias* – Celina Helena Weschenfelder
- *Os Anjos de Deus: novena* – Francisco Catão
- *Padre Pio: novena e história* – Maria Belém
- *Paulo, homem de Deus: novena de São Paulo Apóstolo* – Francisco Catão
- *Reunidos pela força do Espírito Santo: novena de Pentecostes* – Tarcila Tommasi
- *Rosário dos enfermos* – Aparecida Matilde Alves
- *Rosário por uma transformação espiritual e psicológica* – Gustavo E. Jamut
- *Sagrada Face: história, novena e devocionário* – Giovanni Marques Santos
- *Sagrada Família: novena* – Pe. Paulo Saraiva
- *Sant'Ana: novena e história* – Maria Belém
- *Santa Cecília: novena e história* – Frei Zeca
- *Santa Edwiges: novena e biografia* – J. Alves
- *Santa Filomena: história e novena* – Mario Basacchi
- *Santa Gemma Galgani: história e novena* – José Ricardo Zonta
- *Santa Joana d'Arc: novena e biografia* – Francisco de Castro
- *Santa Luzia: novena e biografia* – J. Alves
- *Santa Maria Goretti: história e novena* – José Ricardo Zonta
- *Santa Paulina: novena e biografia* – J. Alves
- *Santa Rita de Cássia: novena e biografia* – J. Alves
- *Santa Teresa de Calcutá: biografia e novena* – Celina Helena Weschenfelder
- *Santa Teresinha do Menino: novena e biografia* – Jesus Mario Basacchi
- *Santo Afonso de Ligório: novena e biografia* – Mario Basacchi
- *Santo Antônio: novena, trezena e responsório* – Mario Basacchi
- *Santo Expedito: novena e dados biográficos* – Francisco Catão
- *Santo Onofre: história e novena* – Tarcila Tommasi
- *São Benedito: novena e biografia* – J. Alves

- *São Bento: história e novena* – Francisco Catão
- *São Brás: história e novena* – Celina Helena Weschenfelder
- *São Cosme e São Damião: biografia e novena* – Mario Basacchi
- *São Cristóvão: história e novena* – Mário José Neto
- *São Francisco de Assis: novena e biografia* – Mario Basacchi
- *São Francisco Xavier: novena e biografia* – Gabriel Guarnieri
- *São Geraldo Majela: novena e biografia* – J. Alves
- *São Guido Maria Conforti: novena e biografia* – Gabriel Guarnieri
- *São José: história e novena* – Aparecida Matilde Alves
- *São Judas Tadeu: história e novena* – Maria Belém
- *São Marcelino Champagnat: novena e biografia* – Ir. Egídio Luiz Setti
- *São Miguel Arcanjo: novena* – Francisco Catão
- *São Pedro, Apóstolo: novena e biografia* – Maria Belém
- *São Peregrino Laziosi* – Tarcila Tommasi
- *São Roque: novena e biografia* – Roseane Gomes Barbosa
- *São Sebastião: novena e biografia* – Mario Basacchi
- *São Tarcísio: novena e biografia* – Frei Zeca
- *São Vito, mártir: história e novena* – Mario Basacchi
- *Senhora da Piedade: setenário das dores de Maria* – Aparecida Matilde Alves
- *Tiago Alberione: novena e biografia* – Maria Belém

Rua Dona Inácia Uchoa, 62
04110-020 – São Paulo – SP (Brasil)
Tel.: (11) 2125-3500
http://www.paulinas.com.br – editora@paulinas.com.br
Telemarketing e SAC: 0800-7010081